# EL LIBRO DIVERTIDO SOBRE EL TOC

## ¿De verdad?

### Jimmy Huston

**¡IMPORTANTE!** Arranca esta página ordenada y estructurada del libro. Rómpela en trocitos de distinto tamaño. (No te preocupes, este es tu libro).

Desecha las piezas en varios lugares distintos.

¿No se siente bien? ¡Es parte de la diversión!

Cosworth Publishing
21545 Yucatan Avenue
Woodland Hills CA 91364
*www.cosworthpublishing.com*

Para más información sobre este consentimiento,
escríbanos a *office@cosworthpublishing.com*.

Dedicado al Detective Adrian Monk

Por cierto, ¿viste lo qué había al otro lado de la página que tiraste? No importa. Era sólo una tonta página de un tonto libro. No era importante.

No te preocupes...

...pero el TOC puede tener efectos dañinos en las personas.

No te preocupes...

...pero no te quedes sin actuar.

El TOC puede ser grave.

No tengas miedo de pedir ayuda.

No hace falta una página totalmente en blanco. Arráncala. Deséchala.

# Introducción

Bien, esto va en serio. No arranques esta página (todavía).

TOC significa Trastorno Obsesivo Compulsivo.

Está justo en el nombre. Trastorno. Obsesivo. Compulsivo. Tres malas palabras.

Para muchas personas, la vida con TOC es una carga, pero también hay un lado más ligero, y estoscomportamientos pueden parecer divertidos en ocasiones. Las personas con TOC suelen ser conscientes de sus problemas y de sus rarezas y debilidades.

Es cierto que el TOC no es divertido, pero eso no significa que no puedas divertirte. Para eso sirve este libro. Puedes reírte del TOC para no tomártelo todo demasiado en serio. La vida es buena.

Puedes ser feliz.

Arranca también esta página.

Adelante. Arráncala (después de leerla).

¿Ya la leíste? Entonces arráncala y rómpela por la línea de puntos en cuatro trozos.

Deséchalos.

Es posible que ya pienses que tienes un problema. Probablemente por eso estás leyendo esto. Y es posible que la gente que te rodea sepa o sospeche que algo te pasa. Si alguien te ha dado este libro, es una señal. Debes prestarle atención y, tal vez, incluso darle las gracias.

Empecemos por las malas noticias. A veces, estos pensamientos y acciones del TOC pueden provocar problemas serios. Por eso es buena idea informarse antes de que empeoren.

Ahora las buenas noticias. Hay ayuda.

Si tienes pensamientos que te crean problemas, pensamientos que te agobian una y otra vez, pueden ser lo que se llaman "obsesiones". No son pensamientos que quieras tener, y pueden ser implacables. Los tipos de pensamientos pueden variar de una persona a otra, pero hay algunos que son comunes. ¿Te preocupan los gérmenes y crees que debes lavarte las manos con frecuencia? ¿Te preocupa haber olvidado algo importante, como cerrar la puerta o apagar la estufa?

¿Das rienda suelta a esos pensamientos? Si obedeces a esas exigencias mentales y actúas en consecuencia, esas acciones se llaman "compulsiones". En cierto modo, están fuera de tu control. No son cosas que querrías hacer, sin el bombardeo constante de pensamientos obsesivos.

Es decir, es lógico suponer que si algunos de tus pensamientos te obligan a hacer esas cosas desagradables, deberías ser capaz de vencer esos malos pensamientos con buenos pensamientos. Es cierto, pero es más difícil de lo que parece.

Si fuera tan sencillo, este problema no existiría. Todas las personas con TOC desearían no tenerlo. Si bastara con intentar superar los pensamientos del TOC, uno mismo podría vencerlo. Pero es más difícil que eso.

Es genial intentarlo. Luchar contra el TOC. Trabajar en ello.

Pero lo mejor que puedes hacer es buscar ayuda profesional.

Ahora puedes arrancar esta página. Deshazte de ella como te desharías del TOC, en una docena de pedazos.

# ¿Qué es?

El Trastorno Obsesivo Compulsivo (a veces denominado TOC) es exactamente lo que parece. La gente se obsesiona con algo que crea un deseo de realizar acciones compulsivas.

1. Si estás pensando en lo mismo una y otra vez y no puedes detenerte, eso es ser OBSESIVO. Puede que quieras dejar de pensar en ello, pero no lo logras. Lo obsesivo son los pensamientos que no dejan de agobiarte: pensar que tienes las manos sucias o que estás cubierto de gérmenes. Tal vez te gusta apilarlo todo ordenadamente. Tal vez tengas pensamientos de enfado con la gente que te rodea. Una "obsesión" puede ser tan sencilla como contar algo una y otra vez.

2. La parte COMPULSIVA es la necesidad de actuar según estos pensamientos obsesivos. Puede que te laves las manos una y otra vez. Tal vez inicies discusiones o peleas. Tal vez compruebas repetidamente si la puerta está cerrada. A lo mejor insistes en tenerlo todo ordenado, como a ti te gusta.

3. La parte de TRASTORNO hace que todo parezca peor. Deberá rebajarse la palabra TRASTORNO a DISTRACCIÓN. Si tienes TOC, intenta pensar en él sólo como una Distracción Obsesiva Compulsiva. ¿No te sientes mejor ahora?

*Ahora pasa página.*

¿Has pasado página? ¿Estás seguro? ¿Has vuelto atrás y lo has comprobado? ¿Cuántas veces?

Deberás arrancar también esta página, antes de que las cosas se pongan confusas.
Rómpela en 24 trozos diferentes. Luego esconde cada uno en un lugar diferente.

# ¿Qué es?

Si piensas en lo mismo una y otra vez y no puedes parar, eso es ser obsesivo. Puede que quieras dejar de pensar en ello, pero no lo logras.

¿Te suena? ¿Pasaste la página? ¿Estás seguro?

Bien, bien. Suficiente con eso. Así es la vida con TOC, que ahora llamamos Distracción Obsesiva Compulsiva.
Es muy repetitiva, muy repetitiva, muy repetitiva. Y frustrante, frustrante, frustrante.

Te gustaría pasar a la página siguiente, al capítulo siguiente o al libro siguiente, pero no puedes. No controlas exactamente lo que haces.

Las partes obsesivas son los pensamientos que no dejan de agobiarte, como la insistencia en que las cosas vayan de dos en dos, la creación de rituales para las actividades o la preocupación por la contaminación o la enfermedad. Pueden ser pensamientos de culpabilidad. O de pánico.

*Ahora pasa página.*

Esta es una prueba de TOC. Si lo tienes, ya sabes qué hacer.

Sí. Arráncala. Deséchala.

# ¿Quién puede tener TOC?

Cualquiera puede tener síntomas de TOC, pero eso no significa que se trate de un TOC en su totalidad. Probablemente hayas visto a personas que de vez en cuando hacen algunas cosas aparentemente TOC, pero no en un grado perjudicial. Simplemente tienen comportamientos de TOC.

El TOC puede ser crónico y puede ser genético, por lo que si tus padres padecen TOC, hay una probabilidad ligeramente mayor de que lo heredes. Por otro lado, tus padres pueden ser un buen ejemplo, mostrándote que se puede vivir con el TOC y tener una vida buena y normal. (El TOC no es contagioso).

Alrededor del uno por ciento de las personas padecen TOC, y aproximadamente la mitad de ellas se consideran casos graves.

El estrés puede empeorar el TOC. A veces, los traumas parecen desencadenar el TOC.

No estás loco ni delirante. El TOC es real.

Esta página contiene un rompecabezas invisible. Arráncalo y córtalo en 27 piezas de rompecabezas diferentes. Ubícalas de nuevo en su lugar.

Tira todo el rompecabezas.

No arranques esta página. Eso sería obsesivo. ¿Ves? Ya estás en control.

Una forma de entender el TOC es compararlo con la respiración.

Respiramos constantemente. A veces la controlamos, inhalando y exhalando conscientemente. Otras veces ni siquiera pensamos en ello, y nuestro cerebro toma las riendas y lo controla automáticamente.

O podemos dejar de hacerlo voluntariamente. Sí, podemos dejar de respirar, completa y absolutamente.

Pero no por mucho tiempo.

Bien, YA puedes desechar esta página también.

¿La arrancaste primero del libro? Eso es importante.

Al principio no está tan mal.

Tómate un respiro.

Aguanta.

No hay problema.

Por un tiempo.

Aguanta.

Aguanta....

¡Aguanta!

¡AGUANTA!

¡AGUANTA! ¡AGUANTA! ¡¡¡¡AGUANTA!!!!

*¡¡¡¡¡¡¡¡¡AGUAAAANTAAAAAA!!!!!!!!!*

Pero eventualmente...

¡¡¡¡¡¡UUUUUUUUUUUUUUUUUUUUUUUUUUUUUUUUUUUUUUUUUUUUUUFFFFFFF!!!!!!

El aire de los pulmones sale a borbotones, inhalas aire fresco y te relajas. Algo así...

No has terminado. Estás un poco sin aliento y respiras un poco más fuerte de lo habitual hasta que recuperas el ritmo. Y recuperar el aliento no significa que hayas terminado.

Sigues necesitando aliento. Tu cerebro siempre te está diciendo: "¡Respira!".

Si no lo haces, todo vuelve a empezar. Nunca termina.

Es un poco similar al TOC. Varía con las conductas individuales pero —

Puedes detenerlo. Absolutamente. Ya sea un tic, o un gruñido, o la necesidad de pisar de una determinada manera, o de apilar las cosas ordenadamente, o lo que sea...

Detente. No hay problema.

Esta página en blanco tiene que estar absolutamente llena de burbujitas. Dibújalas. Y sonríe.

Cuando hayas terminado, arranca la página. Rómpela en muchos trocitos.

En un inicio.

Pero entonces, poco a poco, la presión empieza a aumentar.

Puedes controlarlo, por supuesto.

No es para tanto. Eres inteligente. Tienes el control.

Pero sigue ahí.

Está en el fondo de tu mente, pero está ahí. Definitivamente está ahí.

Las ganas son cada vez mayores.

El impulso se convierte en un pensamiento consciente.

Entonces se convierte en una necesidad.

Eso es lo que es una compulsión.

Y, tú tienes una. Tienes una compulsión.

A veces puedes controlarlo. Durante un minuto, o unos minutos.

Pero a veces no puedes.

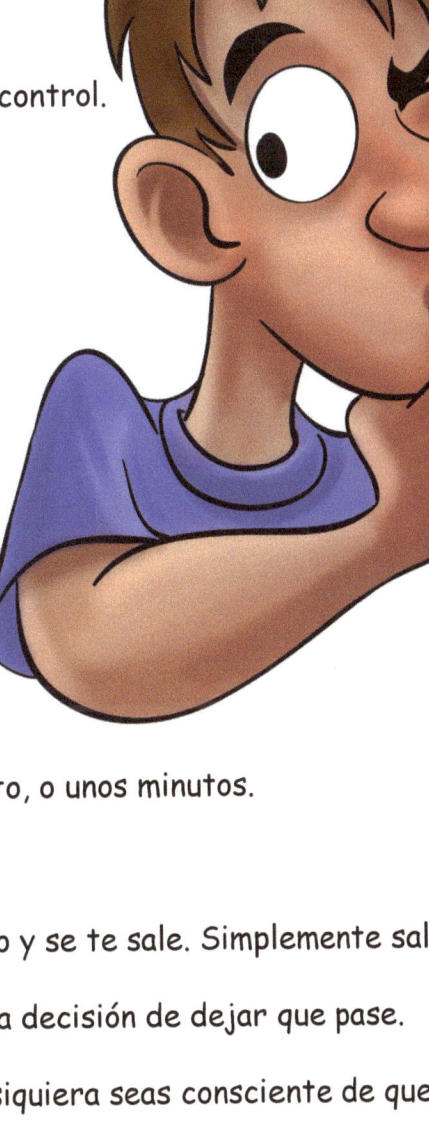

A lo mejor estás distraído y se te sale. Simplemente sale.

O tal vez cedas y tomes la decisión de dejar que pase.

O, a veces, puede que ni siquiera seas consciente de que lo estás haciendo.

Como el aliento en los pulmones, la presión crece y crece. De una forma u otra, sale.

Puede que se filtre o que explote como un estornudo, pero definitivamente va a salir.

Y eso es el TOC.

Llena esta página con palabras. El contenido no importa. El orden no importa. El tamaño no importa.

Rellena con cuidado todos los espacios en blanco con todas las letras. Rómpelo y luego deséchalo.

**Quizá un mejor ejemplo sea el parpadeo.**

Parpadeamos todo el día sin pensar en ello ni darnos cuenta de que lo hacemos.

Luego, a veces lo pensamos y controlamos el parpadeo.

¿O no? Cuanto más pensamos en ello, cuanto más conscientes somos de ello, más irregular se vuelve. Para algunas personas — personas con TOC — pensar en ello toma el control.

¿Debería parpadear? ¿Debería parpadear ahora? ¿Debería volver a parpadear? No quiero parpadear. Pero "necesito" parpadear. Y otra vez. Y otra vez. Más rápido. Más fuerte. Parpadea, parpadea, parpadea. Parpadea, parpadea. ¡PARPADEA!

    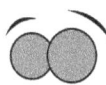    

Tú tienes el control. Pero también el parpadeo. A veces ganas, a veces no. Probablemente estés pensando en parpadear ahora mismo. ¿Te detienes o parpadeas?

¿Y ahora qué? ¿Parpadeo? Y ahora. ¿Parpadeo o no?

Alguna vez hay que parpadear. ¿Y ahora? ¿O más tarde? ¿Qué tan tarde? ¿Ya es hora?

¿Tu cabeza se sacude un poco cuando parpadeas? ¿Sólo un poco?

Bueno, probablemente ahora sí. Pruébalo. Parpadeo! Sacudida. Parpadeo! Sacudida. Parpadeo/Sacudida. Tal vez puedas parar. Bien por ti. Algunas personas no pueden. Es una compulsión. Y la gente lo nota.

Tal vez ni siquiera es consciente. Tal vez tu TOC toma el control y simplemente sucede, sin que realmente te des cuenta. O si te das cuenta, ya no te importa. Es demasiado convincente. Eso es el TOC.

19

| SÍ | NO | TAL VEZ | |
|---|---|---|---|
| SÍ | NO | TAL VEZ | ¿Tienes TOC? |
| SÍ | NO | TAL VEZ | ¿Estás seguro? |
| SÍ | NO | TAL VEZ | ¿Tienes TOC? |
| SÍ | NO | TAL VEZ | ¿Estás seguro? |
| SÍ | NO | TAL VEZ | ¿Tienes TOC? |
| SÍ | NO | TAL VEZ | ¿Estás seguro? |
| SÍ | NO | TAL VEZ | ¿Acabas de parpadear? |
| SÍ | NO | TAL VEZ | ¿Tienes TOC? |
| SÍ | NO | TAL VEZ | ¿Estás seguro? |
| SÍ | NO | TAL VEZ | ¿Fuiste tú? ¿Acabas de gruñir? |
| SÍ | NO | TAL VEZ | ¿Tienes TOC? |
| SÍ | NO | TAL VEZ | ¿Estás seguro? |
| SÍ | NO | TAL VEZ | ¿Has limpiado tu habitación hoy? ¿Una y otra vez? |
| SÍ | NO | TAL VEZ | ¿Tienes TOC? |
| SÍ | NO | TAL VEZ | ¿Estás seguro? |
| SÍ | NO | TAL VEZ | ¿Te has lavado las manos? |
| SÍ | NO | TAL VEZ | ¿Tienes TOC? |
| SÍ | NO | TAL VEZ | ¿Estás seguro? |
| SÍ | NO | TAL VEZ | ¿Te has vuelto a lavar las manos? |
| SÍ | NO | TAL VEZ | ¿Tienes TOC? |
| SÍ | NO | TAL VEZ | ¿Estás seguro? |
| SÍ | NO | TAL VEZ | ¿Todavía estás leyendo esto? |
| SÍ | NO | TAL VEZ | ¿Tienes TOC? |
| SÍ | NO | TAL VEZ | ¿Estás seguro? |
| SÍ | NO | TAL VEZ | ¿Te has duchado más de una vez hoy? ¿Más de dos veces? |
| SÍ | NO | TAL VEZ | ¿Tienes TOC? |
| SÍ | NO | TAL VEZ | ¿Estás seguro? |
| SÍ | NO | TAL VEZ | ¿Has hecho una lista hoy? |
| SÍ | NO | TAL VEZ | ¿Tienes TOC? |
| SÍ | NO | TAL VEZ | ¿Estás seguro? |
| SÍ | NO | TAL VEZ | ¿Estás enfadado o ansioso? |
| SÍ | NO | TAL VEZ | ¿Tienes TOC? |
| SÍ | NO | TAL VEZ | ¿Estás seguro? |
| SÍ | NO | TAL VEZ | ¿Te está mirando la gente? |
| SÍ | NO | TAL VEZ | ¿Tienes TOC? |
| SÍ | NO | TAL VEZ | ¿Estás seguro? |
| SÍ | NO | TAL VEZ | ¿Te has vuelto a lavar las manos? |
| SÍ | SÍ | SÍ | ¿Tienes TOC? |

Si terminaste esto, definitivamente tienes TOC. Rómpela en pedacitos. Entonces busca ayuda.

# ¿Cuáles son los síntomas?

Parece haber un millón de síntomas diferentes que pueden aparecer con el TOC. No completan un diagnóstico, pero aquí hay algunas cosas típicas en las que fijarse.

Las obsesiones son pensamientos o impulsos, por lo que no son evidentes para un observador, pero si tienes este tipo de pensamientos, vale la pena prestarles atención.

Uno de los más importantes es el miedo a los gérmenes o a las cosas que puedan estar contaminadas. Algunas personas se obsesionan con tener las cosas en orden perfecto o simétrico. Hay quien piensa en hacerse daño a sí mismo o a los demás. Tal vez crees rituales en torno a las actividades cotidianas. Y sientes urgencia por todo. ¿Eres adicto al dolor? ¿Problemas para dormir? ¿Oyes voces? ¿Sientes culpa? ¿Pánico? ¿Tristeza?

Y dudar. Dudar de haber cerrado la puerta o apagado la estufa. En el siglo XIX, al TOC se le conocía como la enfermedad de la duda.

Los comportamientos son más fáciles de detectar, como la limpieza o el lavado de manos constantes. O contar incesantemente, hacer listas, acumular y parpadear. Alfabetizar cosas. Apilar cosas. Atravesar puertas repetidamente. Repetir cosas (quizá en voz baja). Obsesión por los números, incluso porque adquieran significados importantes para ti. Puede que no quiera tocar nada. Tal vez necesite tocar las cosas repetidamente. O ambas cosas. El TOC no es lógico.

Tener uno o más de estos síntomas no significa que tienes TOC. Podría significar que tienes otra afección parecida. Además, algunas personas tienen comportamientos TOC, pero en realidad no lo tienen. Tener cualquiera de estos síntomas no es concluyente, por lo que deberás hablar con un profesional médico.

Lave esta página.

Quizá quieras arrancarla primero. Sécala con cuidado. Deséchala.

Lo extraño de estas compulsiones es que no proveen ningún alivio real.

Te fastidian, te fastidian, te fastidian, pero si te rindes y amontonas cosas o te crispas o parpadeas o te lavas las manos o compruebas que la puerta está cerrada, no te ayuda a sentirte mejor. Sigues sintiendo que tienes que volver a hacerlo. Así que vuelves a amontonar cosas o a moverte o a parpadear o a lavarte las manos o a comprobar que la puerta está cerrada... Una y otra, y otra, y otra vez. Es un ciclo interminable.

Es como cuando los niños que caminan por las aceras se entretienen o bien no pisando nunca las grietas (o bien pisando intencionalmente todas las grietas).

A veces riman con algo como: "Si pisas una grieta, romperás la espalda de tu madre."

Sería un castigo bastante severo si fuera cierto, pero desde el principio de los tiempos, pisar una grieta nunca le ha roto la espalda a ninguna madre.

Es un poco como el miedo que promueve algunos comportamientos TOC. No es real — o al menos no es realista. Pero está ahí.

¿Pueden hacerse realidad tus miedos? No.

Tienes que enfrentarte a tus miedos para aprender que son injustificados y que desaparecerán sin tus acciones compulsivas.

Tener TOC puede ser un poco como tener dos mentes dentro del cerebro. Una te empuja a hacer algo que en realidad no quieres hacer. Tal vez sea sólo un tic, o un sonido, o hacer que algo se alinee o apilar algo. El otro no quiere hacerlo. Puede ser simplemente un diálogo silencioso, pero puede ser algo más que eso, quizás incluso una batalla.

Tendrás que ser un guerrero del TOC.

# NO LEAS ESTA PÁGINA.

De verdad. Salta la página sin leerla.

Aquí no hay absolutamente nada importante.

Y no hay nada entretenido.

Es una completa pérdida de tiempo.

No obstante, demuestra (si sigues leyendo) que estás sumido en la estructura y la rutina.

Está bien, pero trabajemos en ello. Deja de leer.

Ahora. ¡Detente!

Si has llegado hasta aquí, aún estás a tiempo de pasar página y conservar tu dignidad.

No seas esclavo de leer una fila tras otra.

Adelántate.

Tal vez incluso deberías pasar la página siguiente.

De verdad. Deja de leer.

Estás advertido.

Aquí no hay nada importante.

Sigues perdiendo el tiempo haciendo algo que no tiene sentido.

Y eso es más o menos lo que es el TOC.

Vaya, llegaste hasta el final. Qué lástima.

Significa que estás leyendo, pero no captas el mensaje.

Regresa al principio de la página y empieza de nuevo — a menos que lleves más de una hora en esta página.

*En ese caso, es hora de arrancarla y seguir adelante.*

# Ansiedad

Sentirse ansioso es la base de la mayoría de los comportamientos del TOC.

Preocupación, preocupación, preocupación. Tus pensamientos van en espiral.

Intentas controlar un mundo que está fuera de control.

Todo es urgente.

Piensas demasiado constantemente.

Incluso las cosas más pequeñas parecen una emergencia.

Es habitual tener problemas para dormir.

Los pensamientos obsesivos conducen a sentimientos infelices.

Nadie quiere tener estos pensamientos.

Son ciclos. Son angustiosos.

Si no se trata, el TOC puede provocar ataques de pánico, depresión, ansiedad y vergüenza.

Puede arruinarte la vida. No lo permitas. Busca ayuda.

Escribe una nota a un desconocido en esta página. Arranca la página y métela en una botella.

Tira la botella al océano. O a un río. O a un lago. O a un arroyo. O a un estanque. Pero no a una alcantarilla ni a un desagüe pluvial. Y no olvides ponerle una tapa a la botella.

# Pensar

El TOC está marcado por su propia clase de pensamiento. Es pensar en círculos. Es rumiar constantemente sobre cosas que son reales e imaginarias al mismo tiempo. Es preocuparse y preocuparse por cosas que no deberían importar, pero que parecen muy importantes. No hay alivio.

Todas las cosas que te preocupan vienen de ti mismo. No se basan en pruebas verdaderas. Son dudas. ¿He echo esto? ¿Va a pasar eso? ¿Debería haber hecho otra cosa?

Vienen de algún lugar dentro de tu acelerado cerebro y parecen más reales que los pensamientos que sabes que son verdaderos. Tu cerebro se está engañando a sí mismo. Y tú le estás escuchando.

Una de las cosas que distingue a las personas que padecen el TOC es que saben cuándo están haciendo cosas propias del TOC. En cierto nivel, sabes lo que es cierto y lo que es dudoso. Pero — no puedes creértelo.

Cuando cierres la puerta o apagues la estufa, dilo en voz alta. O, si es necesario, escríbete una nota. Guárdatela en el bolsillo con fecha y hora. Hazte una foto con el móvil como prueba. Encuentra la manera de reerte a ti mismo. Ignora la parte TOC de tu cerebro. Confía en ti mismo.

Confía en ti mismo.

Dibuja un mapa secreto del tesoro en esta página.

Ahora entierra un tesoro en un lugar completamente diferente. Arranca esta página y escóndela donde ni siquiera tú puedas encontrarla, por si acaso.

## Orden y simetría

Es bueno ser ordenado. Es bueno tener las cosas ordenadas, ya sea la ropa en perchas en el armario, los libros ordenados en estanterías o los papeles apilados o archivados. Trabajar para mantener el orden cuesta esfuerzo. Pero puede llegar a ser demasiado.

Si te obsesionas con la sensación de que todo tiene que estar siempre perfecto, te esperan frecuentes decepciones y mucho trabajo innecesario. Cuando los pensamientos de pulcritud y orden se apoderan de ti, pueden volverse demasiado rápidamente y abrumarte.

¿Tiene que estar todo numerado? ¿O en orden alfabético?

¿Intentas dar el mismo número de pasos con el pie izquierdo que con el derecho? ¿Siempre estás contando cosas? Do you try to take the same number of steps with your left foot that you take with your right? Are you always counting things?

Pueden ser síntomas de TOC.

# ESCRIBE LAS DIEZ COSAS QUE MÁS TE GUSTAN DEL TOC

1.
2.
3.
4.
5.
6.
7.
8.
9.
10.
11.
12.
13.
14.
15.
16.
17.
18.
19.
20.
21.
22.
23.
24.
25.
26.
27.
28.
29.
30.
31.
32.
33.
34.
35.
36.
37.
38.
39.
40.    *Arranca esta página y haz diez copias. Dóblalas bien y deséchalas.*
41.
42.

# Gérmenes, bacterias, virus y piojos

Los gérmenes existen, pero son muy, muy pequeños. Las bacterias también son reales. Los virus también existen, y son aún más pequeños. Los piojos son legendarios.

Los gérmenes pueden ser peligrosos, pero todos tenemos que convivir con ellos. Incluso tú. Hay gérmenes fuera y dentro de tu casa. No se pueden prevenir todos los gérmenes.

En nuestro cuerpo hay 39 billones de células microbianas. Entre ellas hay innumerables bacterias y virus. Ya deberías estar acostumbrado a ellos. Hay gérmenes por todas partes, o al menos eso parece, pero todos esos gérmenes no son peligrosos o la raza humana habría acabado hace mucho tiempo. En realidad somos bastante fuertes.

Sé limpio. Sé inteligente. Pero no seas ridículo.

Frota tus manos sobre estos gérmenes. No te laves las manos.

Arranca esta página infestada de gérmenes de este libro.

# El tic sin toc

Muchos tics van acompañados de TOC. Es otro tipo de tic. El tic del TOC es un pequeño movimiento (a menudo espasmódico) que parece surgir de la nada, normalmente en serie. Puede ser un parpadeo, un tic o un gruñido.

Estos tics salen de la glándula de los tics, situada entre las orejas. Los médicos suelen referirse a este órgano como tu "cerebro."

Siempre que hay un tic, suele haber más justo detrás, intentando salir.

Puedes sentirlo venir. Vas perfectamente cuando notas que un tic intenta salir. Intentas ignorarlo, pero no puedes. Cada vez te molesta más, insiste en que dejes salir el tic.

Es un poco como ir al baño. Al principio, todo va bien y es normal. No hace falta ir al baño en absoluto. Luego, con el tiempo, tienes esa molesta sensación de que algo se acerca. No tienes que hacer nada al respecto. Incluso puedes ignorarlo — de momento — pero con el tiempo esa sensación cambia. Se hace un poco más perceptible, quizá un poco insistente, pero sigue estando bajo control. Pero -ya lo sabes- definitivamente vas a tener que ir al baño. Y, te guste o no, definitivamente vas a ir al baño muy pronto.

Pero a los tics no puedes tirar. Necesitarás ayuda.

Encuentra la letra que falta en cada fila.

QwErTyUiOpAsfGhJkLzXcVbNmqWeRtYuloPaSdFgHjKlZxCvBnM
qwertyuioopasdfghjklzxcvbnmQWERTYUIOASDFGHJKLZXCVBNM
QWERTYUIPASDFGHJKLZXCVBNMqwertyuioopasdfghjklzxcvbnm
QwErTyUiOpAsDfGhJkLzXcVbNmqWeRtYuloPaSdFgHjlZxCvBnM
wertyuioopasdfghjklzxcvbnmQWERTYUIOPASDFGHJKLZXCVBNM
QWERTYUIOPASDFGHJKLZXCVBNMqwertyuiopasdfghjklzxcvbnm
QwErTyUiOpAsDfGhJkLzXcVbNmqWeRtYuloPaSdFgHjKlZxCvBn
qwertyuioopasdfghjklzxcvbnmQWERTYUOPASDFGHJKLZXCVBNM
QWERTYUOPASDFGHJKLZXCVBNMqwertyuioopasdfghjklzxcvbnm
QwErTUiOpAsDfGhJkLzXcVbNmqWeRtYuloPaSdFgHjKlZxCvBnM
qwertyuioopasdfghjklzxcbnmQWERTYUIOPASDFGHJKLZXCVBNM
QWERTYUIOPASDFGHJKLZXCVBNMqwertyuiooasdfghjklzxcvbnm
QwErTyUiOpAsDfGhJkLzXcVbNmqeRtYuloPaSdFgHjKlZxCvBnM
qwertyuioopasdfghjklzxcvbnmQWETYUIOPASDFGHJKLZXCVBNM
QWRTYUIOPASDFGHJKLZXCVBNMqwertyuioopasdfghjklzxcvbnm
QwErTyUiOpAsDfGhJkLzXcVbNmqWeRtYuloPaSdFgHjKlxCvBnM
qwertyuioopasdfghjklzxcvbnmQWERTYUIOPASDFHJKLZXCVBNM
QWERTYUIOPASDGHJKLZXCVBNMqwertyuioopasdfghjklzxcvbnm
QwErTyUiOAsDfGhJkLzXcVbNmqWeRtYuloPaSdFgHjKlZxCvBnM
qwertyuioopasdfghjkzxcvbnmQWERTYUIOPASDFGHJKLZXCVBNM
QWERTYUIOPASDFGHKLZXCVBNMqwertyuioopasdfghjklzxcvbnm
QwErTyUiOpAsDfGhJkLzXcVbNmqWeRtYuloaSdFgHjKlZxCvBnM
qwertyuioopasdfghjklzxcvbnmQWERTYUIOPASDFGHJKLZCVBNM
QWERTYUIOPASDFGHJKLZXCVBNMqwertyuioopasdfgjklzxcvbnm
QwErTyUiOpAsDfGhJkLzXcVbNmqWeRtYuloPaSdFgHjKlZxCvBM
qwertyuioopsdfghjklzxcvbnmQWERTYUIOPASDFGHJKLZXCVBNM
QWERTYUIOPSDFGHJKLZXCVBNMqwertyuioopasdfghjklzxcvbnm
QwErTyUiOpAsDfGhJkLzXcVbNmWeRtYuloPaSdFgHjKlZxCvBnM
qwertyuioopasdfghjklxcvbnmQWERTYUIOPASDFGHJKLZXCVBNM

Haz una lista de las letras que faltan. Arranca la página y destrúyela. Y también la lista.

# Acumulación

¿Sigues llevándote los sobrecitos de cátsup o azúcar de los restaurantes? ¿Tienes un montón de cajas de cerillas de todos los sitios en los que has estado?

¿Tienes el armario lleno? ¿Cosas bajo la cama? ¿Los cajones llenos? ¿Cajas por todas partes, llenas de no recuerdas qué? No es coleccionar. No es guardar. No son recuerdos. Estás acumulando.

Si guardas montones y montones de cosas que no necesitas — cosas obsoletas, rotas o sin valor — estás acumulando cosas. No es dañino, pero inviertes tu energía en las cosas equivocadas. Este es un signo de TOC.

Toca cada punto al menos una vez, tocando tantos como puedas a la vez.

Ewwww. Esta página ha sido tocada en todas partes. Arráncala, lávala y deséchala.

# Limpieza, limpieza y más limpieza

Te han dicho que mantengas limpia tu habitación. Así que ahora lo haces, y lo haces muy bien. ¿Cuál es el problema?

Mantener las cosas limpias está muy bien. Pero si te pasas, si dedicas demasiado tiempo a preocuparte por la limpieza, si insistes en que las cosas tienen que estar siempre perfectas (y piensas mucho en ello), eso puede ser obsesivo.

Si siempre te preocupa la "contaminación" y estás constantemente lavando cosas — y eso está ocupando el lugar de otras cosas en tu vida — eso puede ser compulsivo.

¿El desorden te provoca estrés? ¿Necesitas apilar cosas o ponerlas en filas? ¿Ordenas las cosas por orden alfabético o de dos en dos? ¿Lavas las cosas (incluido tú mismo) repetidamente?

A la mayoría de la gente le gusta tener las cosas limpias y ordenadas. Quizá la ropa deba doblarse ordenadamente o colgarse en un armario. Quizá sea mejor apilar las cosas en armarios o estanterías. Si tu escritorio está organizado, eso suele ser bueno. ¿Tus juguetes están ordenados? Bien por ti. Pero no te vuelvas loco por ello.

Cuando las compulsiones siempre quieren más y más limpieza, más orden, más apilamiento — cuando las exigencias de limpieza empiezan a apoderarse de ti, eso puede ser un signo de TOC. Relájate. De vez en cuando, disfruta de la suciedad.

¿Te sientes frustrado? Descarga toda tu rabia en esta estúpida página.

Arranca la página y rómpela en pequeños trozos TOC. Apílalos ordenadamente en la basura.

# Y otras cosas del TOC

Algunas personas tienen una obsesión con cosas como...

...pensamientos agresivos.

...una adicción al dolor.

...ansiedad sobre el baño.

...temores de contaminación.

...miedo a salir de casa.

...miedo a las multitudes.

...tendencias hipocondríacas, lo que significa que creen tener una enfermedad física cuando en realidad no la tienen.

...un descontento general con la imagen y el aspecto del cuerpo (dismorfia corporal). No te gusta tu aspecto. O bien, ODIAS tu aspecto.

...obsesionarse en el olor físico del cuerpo.

...rasguñarse la piel.

...tirar del cabello, torcerlo y comerlo.

Los médicos creen que el TOC está causado por una inflamación de la parte del cerebro llamada amígdala. Su función normal es interpretar las amenazas. Haz una lista de todo lo que crees que te amenaza.

1. _____
2. _____
3. _____
4. _____
5. _____
6. _____
7. _____
8. _____
9. _____
10. _____
11. _____
12. _____
13. _____
14. _____
15. _____
16. _____
17. _____
18. _____
19. _____
20. _____
21. _____
22. _____
23. _____
24. _____
25. _____
26. _____
27. _____
28. _____
29. _____
30. _____
31. _____
32. _____
33. _____
34. _____
35. _____

Deshazte de tus amenazas. Arranca esta página y entiérrala en algún lugar profundo.

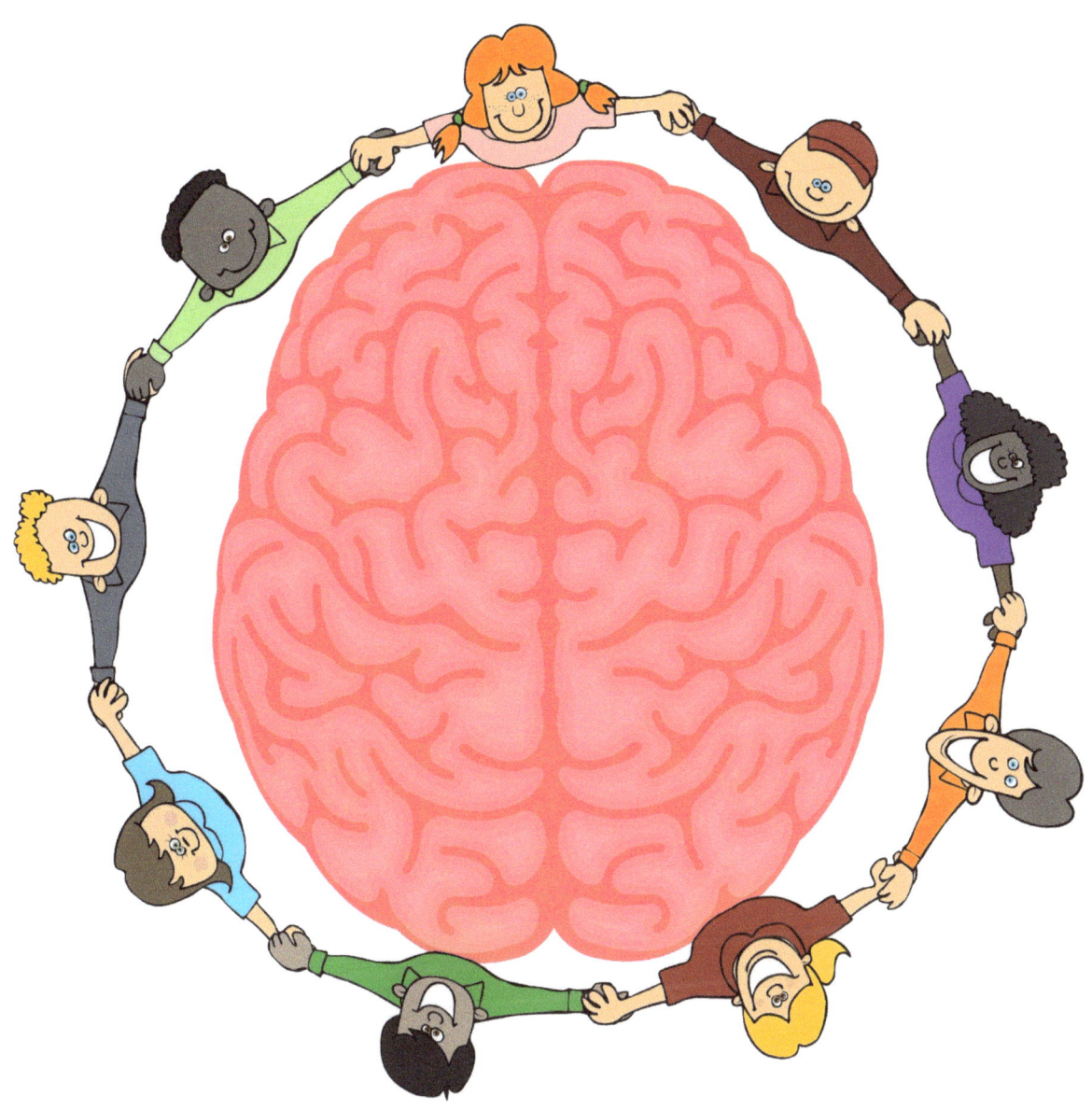

Todo el mundo sabe que el cerebro es el centro de todo en una persona — bueno o malo — físico o mental. Sin duda, cuando se habla del TOC, el cerebro suele salir a relucir. Pero no hay ninguna glándula del TOC en el cerebro. No se puede ver la parte del TOC en una radiografía o una resonancia magnética. Pero sabemos que está ahí.

Esto se debe a que — incluso con toda la ciencia — el cerebro no lo explica todo. El cerebro real no es más que un montón de cosas esponjosas sin importancia, pero las partes importantes son eléctricas o químicas. Nadie puede verlas y no las entendemos, lo que significa que son casi místicas, pero están ahí.

El cerebro controla algunas cosas del cuerpo que son comprensibles, pero muchas son misteriosas.

41

¿Cuántas palabras puedes meter en esta página? Escríbelas y cuéntalas.

Rompe cada palabra en un papel y ordénalas por orden alfabético.

Hay fuerzas más grandes en juego. Algunos la llaman personalidad, espíritu o alma. Está ahí, lo veas o no. Es como una nube mental invisible que impulsa el cuerpo, tiene pensamientos, toma decisiones, elige movimientos, estimula la creatividad, etc.

Es el conductor, o quizá el piloto, de una persona. Puede que todo salga del cerebro, pero intenta encontrarlo. Intenta tocarlo. No está ahí, pero por supuesto que está ahí. ¿En algún lugar...?

Ahora sabemos que está "ahí", aunque no lo esté. ¿Quién puede asegurar que está sola? En el caso de una persona con TOC, quizá haya otro componente. Tal vez este otro componente esté influyendo en la vida y las acciones de la persona. Puede que el conductor controle bastante bien la situación la mayor parte del tiempo, pero ¿y si hay un conductor en el asiento de atrás que también ofrece su opinión? ¿Y si las sugerencias del asiento de atrás no son buenas y el conductor está distraído y se esfuerza por ignorarlas? Esa es una buena reacción, pero no satisface al conductor del asiento de atrás, así que las sugerencias se repiten sin cesar.

Une todos los puntos y haz cuadraditos. ¡Y sé rápido!

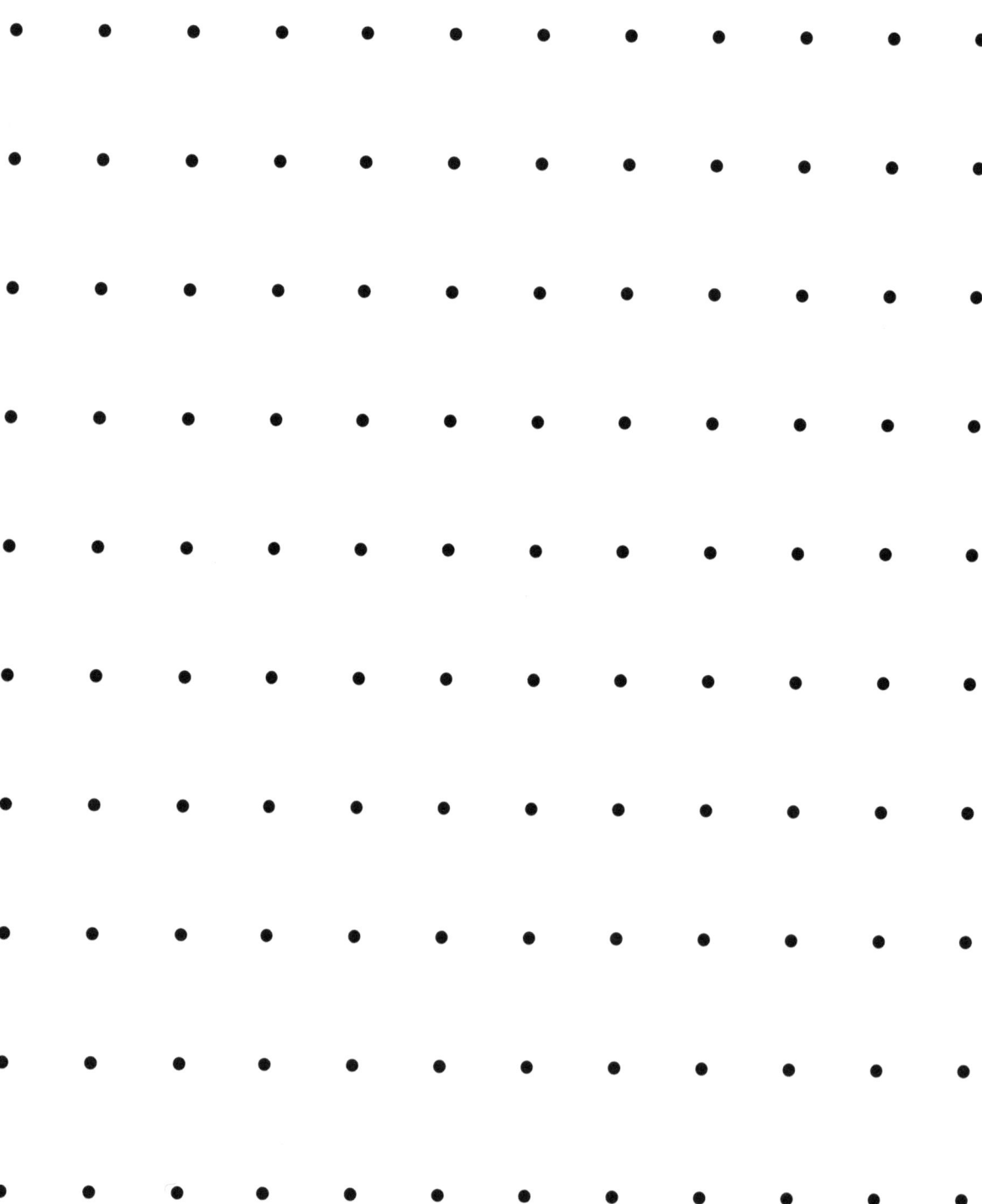

Arranca la página y luego rompe cada caja en un trozo. Tíralas todas a la basura.

Quizá sea mejor comparar a un piloto con un copiloto. El piloto tiene el control de un avión, pero el copiloto también tiene un conjunto de controles. El piloto puede batirse por tener el control, pero un copiloto puede degradar el control del piloto y redirigir el ...

Puede que tengas una parte piloto en tu personalidad que tiene buenas ideas y sabe lo que hay que hacer en tu vida. (¿Te suena?). Pero si hay un copiloto TOC con las manos en los mandos y un flujo constante de malas ideas, las cosas pueden deteriorarse rápidamente.

Es como tener a un gremlin que maneja tu vida, a pesar de que no existen los gremlins. Quizá prefieras pensar que es una especie de mago del TOC.

Quizá tengas un copiloto TOC que siempre está ahí, hable o no. El copiloto conoce los peores momentos para decir una mala idea. A veces es un susurro. A veces es un grito. Al final, cualquier piloto tomará una mala decisión.

Tal vez sólo resulte en un tic. Un parpadeo extra. O un gruñido casi silencioso. Pero se repite. Una y otra vez.

Podría ser una pequeña mala decisión, casi inexistente y casi sin consecuencias. Pero no del todo. Y el copiloto sigue trabajando.

El copiloto nunca se rinde. El copiloto nunca renuncia.

Arranca esta página y dóblala para hacer un avión de papel.

Mándala a volar. Vete. ¡Déjala!

No podemos ver los pensamientos inquietantes, pero sabemos que están ahí, junto a nuestras esperanzas y temores. En el TOC, crean bucles ilógicos de pensamientos. .

Esta personalidad invisible impulsa todo lo que hacemos. Permite que el piloto maneje el avión que eres tú. Aprende a ignorar al copiloto.

Haz feliz a tu piloto.

Tendrás un mejor vuelo.

Cuenta algo. Cualquier cosa. Empieza a contar. Cuando termines, escribe el número aquí. Después cuenta otra cosa y escribe también ese número. Sigue contando y escribiendo los números hasta que hayas llenado esta página.

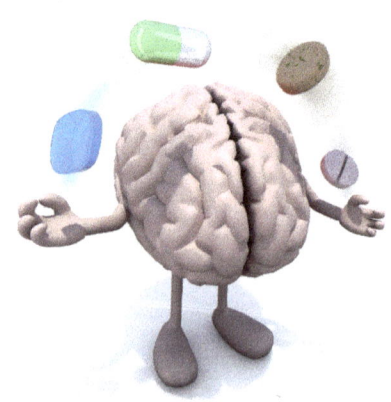

Ahora suma todos los números y escribe aquí el total:_____.
Después — lo has adivinado — rompe la página. Cuenta las piezas. Luego deja de contar.

# ¿Qué puede ayudar?

El TOC abarca un gran número de pensamientos y acciones. Algunos son molestias sin importancia, pero otros pueden ser bastante graves y provocar daños o lesiones. Por eso es tan importante el tratamiento. El TOC no tiene cura, pero puedes sobrellevarlo. Estarás bien.

La terapia puede ser muy útil, ya que ofrece formas de cambiar tanto los pensamientos como las conductas. No tengas miedo de abrirte. No eres el primero en tener estos pensamientos y actuar en consecuencia. Recuerda que si el pensamiento puede ser la causa de algunos de tus problemas, pensar de otra manera puede ayudarte a solucionarlos.

La versión más eficaz es la denominada terapia cognitivo-conductual, que utiliza una técnica llamada exposición y prevención de respuestas. Bajo supervisión, te expones a tus obsesiones y luego se previene la respuesta compulsiva.

También hay medicinas que pueden ser eficaces, sobre todo para los tics. Las medicinas no son una cura, pero pueden ayudar con el control. A veces se recurre incluso a técnicas quirúrgicas. Lo importante es obtener ayuda de la forma que esté a tu alcance.

Dado que el TOC provoca estrés, siempre es bueno relajarse — prueba con el yoga, la meditación y los masajes. A veces, una buena carcajada puede ayudar a relajarse. Dormir también puede ayudar, al igual que la actividad física. Además, una buena dieta puede ayudar a mantener normales los niveles de azúcar en sangre.

También se están desarrollando nuevos tratamientos, incluidas técnicas que incluyen la estimulación magnética y/o eléctrica. Actualmente, la mayoría son para casos más graves y pueden tener efectos secundarios no deseados. Pero eso significa que hay esperanza y que se está progresando. Mantente informado...

# Haz una lista - cualquier lista

| | |
|---|---|
| 1. _____ | 41. _____ |
| 2. _____ | 42. _____ |
| 3. _____ | 43. _____ |
| 4. _____ | 44. _____ |
| 5. _____ | 45. _____ |
| 6. _____ | 46. _____ |
| 7. _____ | 47. _____ |
| 8. _____ | 48. _____ |
| 9. _____ | 49. _____ |
| 10. _____ | 50. _____ |
| 11. _____ | 51. _____ |
| 12. _____ | 52. _____ |
| 13. _____ | 53. _____ |
| 14. _____ | 54. _____ |
| 15. _____ | 55. _____ |
| 16. _____ | 56. _____ |
| 17. _____ | 57. _____ |
| 18. _____ | 58. _____ |
| 19. _____ | 59. _____ |
| 20. _____ | 60. _____ |
| 21. _____ | 61. _____ |
| 22. _____ | 62. _____ |
| 23. _____ | 63. _____ |
| 24. _____ | 64. _____ |
| 25. _____ | 65. _____ |
| 26. _____ | 66. _____ |
| 27. _____ | 67. _____ |
| 28. _____ | 68. _____ |
| 29. _____ | 69. _____ |
| 30. _____ | 70. _____ |
| 31. _____ | 71. _____ |
| 32. _____ | 72. _____ |
| 33. _____ | 73. _____ |
| 34. _____ | 74. _____ |
| 35. _____ | 75. _____ |
| 36. _____ | 76. _____ |
| 37. _____ | 77. _____ |
| 38. _____ | 78. _____ |
| 39. _____ | 79. _____ |
| 40. _____ | 80. _____ |

*Ahora rompe la lista y deséchala. Deja de hacer listas.*

# ¿Qué puedo hacer?

Pide ayuda.

Empieza por tus padres.

Habla con tu profesor.

Visita a tu médico.

He aquí una idea.

Si sientes que se acerca una obsesión familiar, en lugar de ceder y hacer lo que te sientas obligado a hacer — *¡haz otra cosa! Distráete.*

Puede ser cualquier cosa. Sal a dar un paseo. Leer un libro. Hacerte un bocadillo. Hacer los deberes. Cantar una canción. O baila. Cuando termines, si la compulsión sigue ahí, busca otra cosa que hacer. Sal. Ocúpate.

Demuestra a tus compulsiones que sabes que no están justificadas. Enfréntate a tu TOC. ¿Pueden hacerse realidad tus miedos obsesivos? ¡No!

Pero — sólo se irán si no te rindes. Aunque sea difícil, sigue luchando. Se han convertido en un hábito. Lucha contra tus miedos.

Y pide ayuda. Todos queremos ayuda, pero no queremos pedirla. ¡Pídela!

# ESCRIBE LAS DIEZ PEORES COSAS QUE ODIAS DEL TOC.

*(¡Se suponía que ibas a dejar de hacer listas!)*

1.
2.
3.
4.
5.
6.
7.
8.
9.
10.
11.
12.
13.
14.
15.
16.
17.
18.
19.
20.
21.
22.
23.
24.
25.
26.
27.
28.
29.
30.
31.
32.
33.
34.
35.
36.
37.
38.
39.
40. *Arranca esta página y haz diez copias. Dóblalas bien y deséchalas.*
41.
42.

# Padres

En algún momento tus padres se darán cuenta.

Y te preguntarán por qué haces lo que sea que estés haciendo.

En lugar de enfadarte y negar que algo pasa, quizá sea un buen momento para pedirles que te ayuden.

Es probable que tus padres no sepan exactamente qué hacer, pero están mejor preparados para encontrar a alguien que pueda ofrecerte algo de ayuda.

Puede empezar con una visita al médico. Aunque la mayoría de los médicos no son expertos en el campo del TOC, tu médico debería poder recomendarte a alguien que pueda ayudarte. Pregunta por un terapeuta con experiencia en el tratamiento del TOC.

Pueden ser necesarias varias visitas antes de encontrar una solución que funcione para ti (cada persona es diferente), pero es importante controlar las cosas desde el principio, antes de que todo se complique.

Y no te avergüences. Sólo busca ayuda.

# ¡Deja de lavarte las manos!

Excepto antes de las comidas.

Excepto después de las comidas.

Excepto después de ir al baño.

Excepto después de jugar con animales.

Excepto al limpiar el desorden de las mascotas.

Excepto antes de preparar la comida.

Excepto después de preparar la comida.

Excepto después de trabajar en trabajos sucios.

Es bastante fácil ver cómo lavarse las manos puede convertirse en un hábito. Todo el mundo quiere que estés limpio, pero hay un punto en el que lo estás y puedes relajarte.

¿Cerraste las llaves del agua?

*Usa tus manos sin lavar para arrancar esta página y romperla en pedacitos.*

# ¿Se burlan de ti?

Cuando se trata de niños (y de algunos adultos), cualquier cosa diferente se convierte rápidamente en materia de burla.

Puede que lo escuches, o que todo sea a tus espaldas.

Esto es desafortunado y poco útil. No hay una respuesta fácil a este tipo de conducta, especialmente cuando el TOC ya viene con un montón de dudas y sentimientos de inferioridad. ¡No eres inferior! Sólo tienes que ser fuerte.

Hay una forma inusual de burla que pretende ser amistosa y que espera llamar la atención sobre tu conducta de una forma útil — con la esperanza de que conduzca a alguna acción positiva por tu parte. Pero sigue siendo una burla y sigue doliendo.

El acoso nunca es fácil de sobrellevar, pero dice más del acosador que de ti. Habla con tu terapeuta o consejero.

Probablemente hayas estado comprobando rutinariamente los números de página, pero esta página no tiene un número de página correcto. ¿O sí? ¿Cuál debería ser? No revises las otras páginas en busca de pistas.

*Arráncala y rómpela.*

239 - 24 - 15 - 7 - 19 - 21C - 13 - 56 - 39 - 42 - 56 - 12 - 519 - 2 - 319

# Otros problemas relacionados

Además del TOC, también puedes tener exactamente los mismos síntomas y conductas que otros trastornos.

Los tics y ruidos del TOC son como el síndrome de Tourette. El miedo a salir de casa es como la agorafobia. Hay trastornos de la alimentación — obsesiones con la comida — como los atracones, la anorexia nerviosa y la bulimia.

La depresión, el trastorno de déficit de atención e hiperactividad (TDAH), las fobias, el trastorno bipolar, el trastorno por estrés postraumático (TEPT), la dismorfia corporal (miedo a la fealdad imaginada) y los ataques de pánico son problemas comunes del TOC, y también son trastornos distintos.

Sumado a la confusión, existe algo llamado Trastorno de la Personalidad Obsesivo-Compulsiva (TOC) que a menudo y fácilmente se confunde con el TOC. En particular, lidia con el perfeccionismo y fijaciones rígidas con listas y normas.

Es parecido, pero diferente. (Tu terapeuta puede explicártelo.)

*¡No mires este número de página!*

¡No arranques esta página! A menos que pienses en un mono.

¿En qué se suponía que no debías pensar? Oh, cierto. Arráncala ahora.

# Tener TOC no es el fin del mundo.

Además de ti, hay muchas personas que padecen de TOC, y probablemente hayas conocido a algunas de ellas, lo sepas o no. (Seguro que has notado que alguien tiene un tic o un hábito.)

Muchos han alcanzado un gran éxito a pesar de su TOC. Tú puedes hacer lo mismo.

Algunas de esas personas han hablado abiertamente de su lucha contra el TOC: David Beckham, Katy Perry, Leonardo DiCaprio, Lena Dunham, Howard Riguroso, Justin Timberlake, Howie Mandel, Jessica Alba, Daniel Radcliffe, Charlize Theron, Cameron Diaz, Megan Fox, Billy Bob Thornton, Julianne Moore, Charlie Sheen, Harrison Ford, Jennifer Love Hewitt, Dan Aykroyd, Emily Lloyd, Martin Scorsese, Michael Jackson, Penélope Cruz, Roseanne Barr, Woody Allen, Alec Baldwin, Warren Zevon, Alanis Morissette y Donald Trump.

Esta página no está en orden. Debería haber sido la página siguiente. Arráncala y colócala después de la página siguiente.

Charles Darwin

Bill Gates

Stephen Hawking

Hay figuras legendarias a lo largo de los tiempos que, en retrospectiva, creemos que probablemente padecían TOC.

Expertos han Reseñado historias, evidencias y conductas de personajes famosos a lo largo de la historia y los han evaluado para detectar rasgos de TOC. No hay forma de estar realmente seguros, pero los síntomas son bastante claros y sugieren fuertemente TOC.

Incluyen algunas de las mentes más brillantes, con muchos éxitos notables:

Nicola Tesla, Howard Hughes, Franco Sinatra, Martin Luther, Charles Darwin, John Bunyan, Dr. Samuel Johnson, Albert Einstein, Ludwig van Beethoven, Michaelangelo, Charles Dickens, Cole Porter, Andrew Kehoe, Gerald Kaufman, Marcel Proust, Sir Winston Churchill, Stanley Kubrick, Andy Warhol, Marie Curie, Issac Newton, Isaac Asimov, Stephen Hawking, Factura Gates y Steve Jobs.

Albert Einstein

Marie Curie

Nikola Tesla

Vaya, genial. Ahora esta página está fuera de orden. Arráncala y ponla después de la última página que arrancaste y ponla después de ésta. Y sigue haciéndolo hasta que lo hagas bien.

¿Ya estás mareado? Tira ambas páginas, pero no hasta que estén en el orden correcto.

# Sé valiente

No tengas miedo del TOC. Sin duda puede causarte problemas en tu vida diaria, pero puedes manejarlo y seguir haciendo grandes cosas.

Como has visto aquí, ha habido muchas personas de éxito que han vivido con TOC, pero no dejaron que eso les detuviera. Tú vas a ser una de esas personas.

Probablemente se te dé bien la lluvia de ideas y seas empático. Además, se te da bien la gestión del tiempo y tienes una atención superior a los detalles. También cumples los plazos y sueles centrarte mucho en los ejercicios, con un mayor nivel de perseverancia.

No hace falta ser inventor, ni científico, ni actor o cantante famoso para tener éxito (pero puede que sí). Hay muchos caminos diferentes hacia el éxito.

Algunas personas llaman al TOC su Superpoder, pero no es tan fácil. El TOC es más bien una herramienta. Si se utiliza correctamente y se trabaja duro, el TOC puede ayudarte a lograr grandes resultados.

Vas a encontrar tu propio camino para lidiar con el TOC. Vas a ser feliz.

La página siguiente es el final. Pero si eres realmente TOC seguirás adelante. Seguirás. Y seguirás....

Así que arranca esta página con mucho cuidado. De hecho, debes usar tijeras. Luego córtala en tantos trozos como puedas. Luego cuéntalos. Y apílalos. Luego deja de hacer todo esto.

Se ha dicho que un aspecto del TOC puede ser el Incremento de la creatividad, como demuestra el considerable número de personas con TOC que han tenido éxito.

Así que ha llegado el momento de que dediques parte de esa creatividad a resolver los problemas derivados del TOC. Tú puedes hacerlo. ¡Celebra tu TOC!

Vas a encontrar el éxito. ¡Y la felicidad!


EL FIN

# ¡¡¡NO ARRANQUES ESTA PÁGINA!!!!

Esta es la prueba de voluntad y determinación que es el primer paso para salir de tu TOC. (El siguiente paso es buscar ayuda profesional.)

Por supuesto, si necesitas volver a leer las páginas anteriores, probablemente querrás obtener otro ejemplar, ya que éste está arruinado. (¡Bien por ti!)

Deberás darse prisa porque ésta era una preciosa Primera Edición y uno de los últimos ejemplares. Habría sido una pieza de coleccionista que habría valido una fortuna.

Puede que quede un ejemplar. Tal vez. Si tienes suerte, podrás encontrar el último ejemplar no destruido de este maravilloso libro en *www.cosworthpublishing.com*.

## Sobre el autor

Jimmy Huston escribió este libro escribió este libro escribió este libro. Su TOC le obligó a terminarlo, pero no lo suficiente como para limpiar su habitación limpiar su habitación limpiar su habitación. Vive en Woodland Hills, California, con su mujer y su perro, que ya están hartos.

# Otros libros de Jimmy Huston

www.cosworthpublishing.com

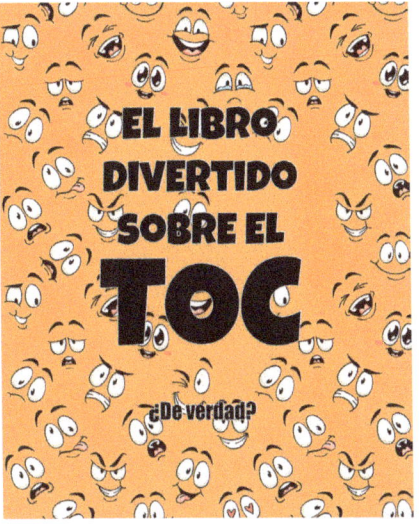

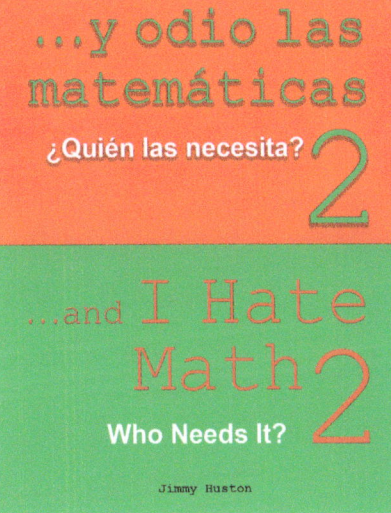

# ENCUÉNTRALO ALLÁ DONDE ODIEN LOS LIBROS

En español y inglés.

Si estás leyendo esto, este libro no te va a gustar.

No es para ti.

Este libro es para las personas que no lo están leyendo.

A ellos tampoco les gustará, pero es corto.

Eso les gustará.

*"En realidad no leí este libro. Si lo hubiera leído me habría encantado — pero nunca lo haré."*     Billy

*"La palabra odio no alcanza. Detesto leer. Ni siquiera me gusta mirar los dibujos - que además no tiene."*     Wally

*"Esto no es lo que escribí sobre este estúpido libro."*     Zane

*"Este es un gran libro para la mesita, si tu mesita odia leer."*     Solomon

*"Este libro hizo llorar a mi profe."*     David

*"Mi hijo amó este libro. Dijo que estaba delicioso."*     Sr. Jones

*"ESTE LIBRO ES TAN ESTÚPIDO QUE HASTA YO PODRÍA HABERLO ESCRITO."*     Jimmy "

www.i-hate-to-read.com

# Otros libros de Cosworth Publishing

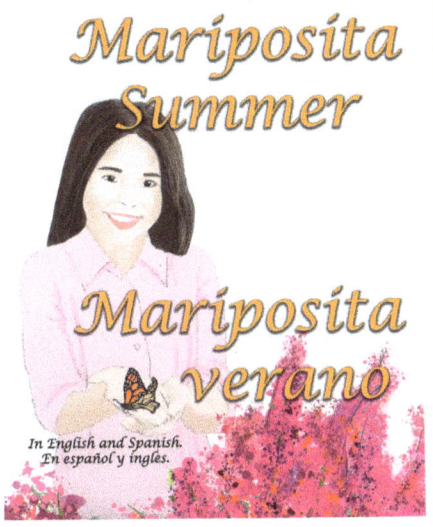

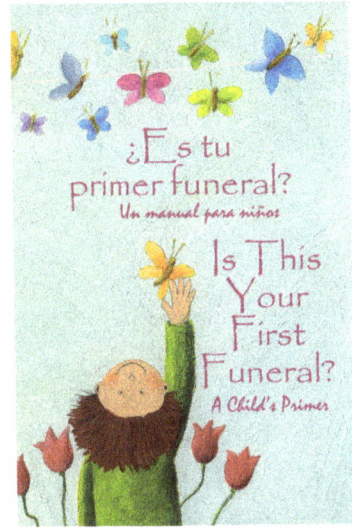

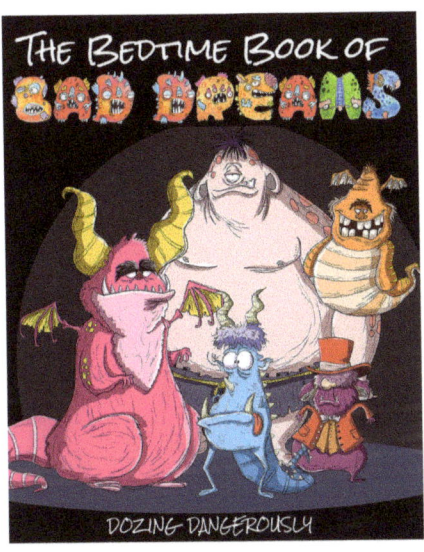